花開

花
김지하 시집
開

실천문학사

■ 서문

새파란 별 뜨듯,
붉은 꽃봉오리 살풋 열리듯

그동안, 약 5~6년간 나의 시업(詩業)이 너무 적막하였다. 가깝고 먼 벗들이 때론 걱정해서, 혹은 비아냥으로 그 적막을 지적하거나, 아니면 비꼬았었다. 그러나 작년부터 한두 달 간격으로 전국의 여러 명산대찰(名山大刹)을 찾아 몸과 마음을 쉬던 중 홀연 좋은 시상(詩想)이 다가오기도 하고 기막힌 시어가 떠오르기도 하였으니 이런 걱정 저런 비아냥은 모두 다 부질없다.

그러나 개중에 외우(畏友) 조동일 교수의 부탁은 늘 가슴에 따뜻한 감사와 함께 깊이 새겨져 있다. 못난 시 좀 쓰라는 거였고, 좀더 어수룩해지라는 거였다. 그래, 이번 구례 화엄사행 중에 이 말을 기억해 내고 한밤중에 숙소인 광학장(光學藏) 귀퉁이의 한 방 하얀 벽 안에 정좌하고 있으니 자꾸 쏟아지는 시상을 감당키 어려워 되나 캐나 적어서 말을 이루어놓은 서투른 결과가 바로 『문학동네』 2002년 여름호에 발표한 십여 편이다. 잘 되고 못

되고는 불문에 부치고 못난 시라도 부지런히 쓰라는 조형의 부탁을 잊지 않아서다.

그런데 남행(南行)에서 돌아온 바로 그 이튿날 문득 한 기억이 떠올라 옛 노트들을 정리하던 중 약 1백 편 정도의 미발표 시고(詩稿)가 한꺼번에 쏟아져 나왔다. 나 자신 새카맣게 잊어버린, 그야말로 잃어버린 시편들이었다. 대개가 지금으로부터 5~6년 전쯤에서 7년 전 사이에 씌어진 것들이고, 그 중 제4부의 시편들은 재재작년과 재작년 사이 가야 여행 때 씌어진 것들이다. 세세히 살펴보니 그리 뛰어난 것은 못 되지만 또 그렇다고 그리 서투른 못난이, 엉터리들만도 아니어서 조 형 도움말대로 오랜만에 한 권 시집을 감히 묶어내기로 하였다.

제1부에서 제3부까지의 시편들은 한편 연작시 같기도 하고, 다른 한편 '따로따로' 같기도 하다. 시집 제목은 '화개(花開)'라 하고, '한 송이 꽃이 피니 세계가 모두 일어선다(一花開世界起)'는 『벽암록』의 뜻을 취했다.

『중심의 괴로움』 이후 5~6년 동안 내내 기다려준 나의 독자들과 출판을 맡아준 실천문학사의 김영현 사장에게 깊은 신뢰와 사의를 표하면서 엉성한 몇 마디로나마 머리글을 대신한다.

단기 4335년 4월 28일
一山에서
김지하 모심

■ 차례

제1부

한식청명 ___ 13
구구 ___ 15
밤 산책 ___ 16
短詩 하나 ___ 18
短詩 둘 ___ 19
短詩 셋 ___ 20
短詩 넷 ___ 21
短詩 다섯 ___ 22
短詩 여섯 ___ 23
꿈결의 詩 ___ 24
水西 ___ 26
별 ___ 28
내 땅 ___ 30
지옥에 ___ 32
쓸쓸한 자유 ___ 33
기다렸으나 ___ 34
눈길 ___ 36
그때 ___ 37
아파트 꿈 ___ 39
횔덜린 ___ 41

비 ___ 43
道 ___ 45
님 ___ 46

제2부

낯선 희망 ___ 51
지는 봄꽃 ___ 52
저녁 장미 ___ 54
빗소리 ___ 56
오월 산책 ___ 58
해 ___ 59
부끄러움 ___ 60
天刑 ___ 61
망향 ___ 63
쉰둘 ___ 64
늙음 ___ 65
어젯밤 ___ 66
거기 ___ 67
여전 ___ 68
겨울 ___ 70
간혹 ___ 72
우물 ___ 75
눈물 ___ 77
제사 ___ 79
홍성담 ___ 82
한울 ___ 83
살림 소식 ___ 85
테레비 ___ 86
되먹임 ___ 87

솔잎 ___ 89
축복 ___ 90

제3부

아내에게 ___ 93
산책은 행동 ___ 94
초겨울 ___ 95
소박하다면 ___ 97
내년 봄엔 ___ 98
보리 싹 ___ 99
남쪽으로 ___ 100
어느 귀퉁이 ___ 102
푸르름 ___ 104
첫 문화 ___ 105
갈꽃 ___ 107
길 ___ 109
세밑 ___ 111
물 ___ 113
소리 ___ 115
틈 1 ___ 117
틈 2 ___ 119
가을 ___ 121
숨은 사랑 ___ 122
나그네 ___ 124
쉰네 살 ___ 125
편지 ___ 127
돌아가지 않겠다 ___ 130
삶 1 ___ 132
삶 2 ___ 134

저기 여기 ___ 136
변환 ___ 138
한 뼘 ___ 140
얽힘 ___ 142

제4부

詩 ___ 147
신새벽 ___ 150
伽倻의 산들 ___ 153
伽倻의 흰빛 ___ 154
옛 伽倻에 와서 ___ 156
夷史 ___ 159
玄風을 지나며 ___ 161
八顯四隱 ___ 163
伽倻孤雲 ___ 165
龍潭水雲 ___ 168
숲 속의 작은 공터 ___ 173
내가 나에게 ___ 175
빗점 ___ 177
花開 ___ 180

서문 ___ 5
해설/임동확 ___ 181

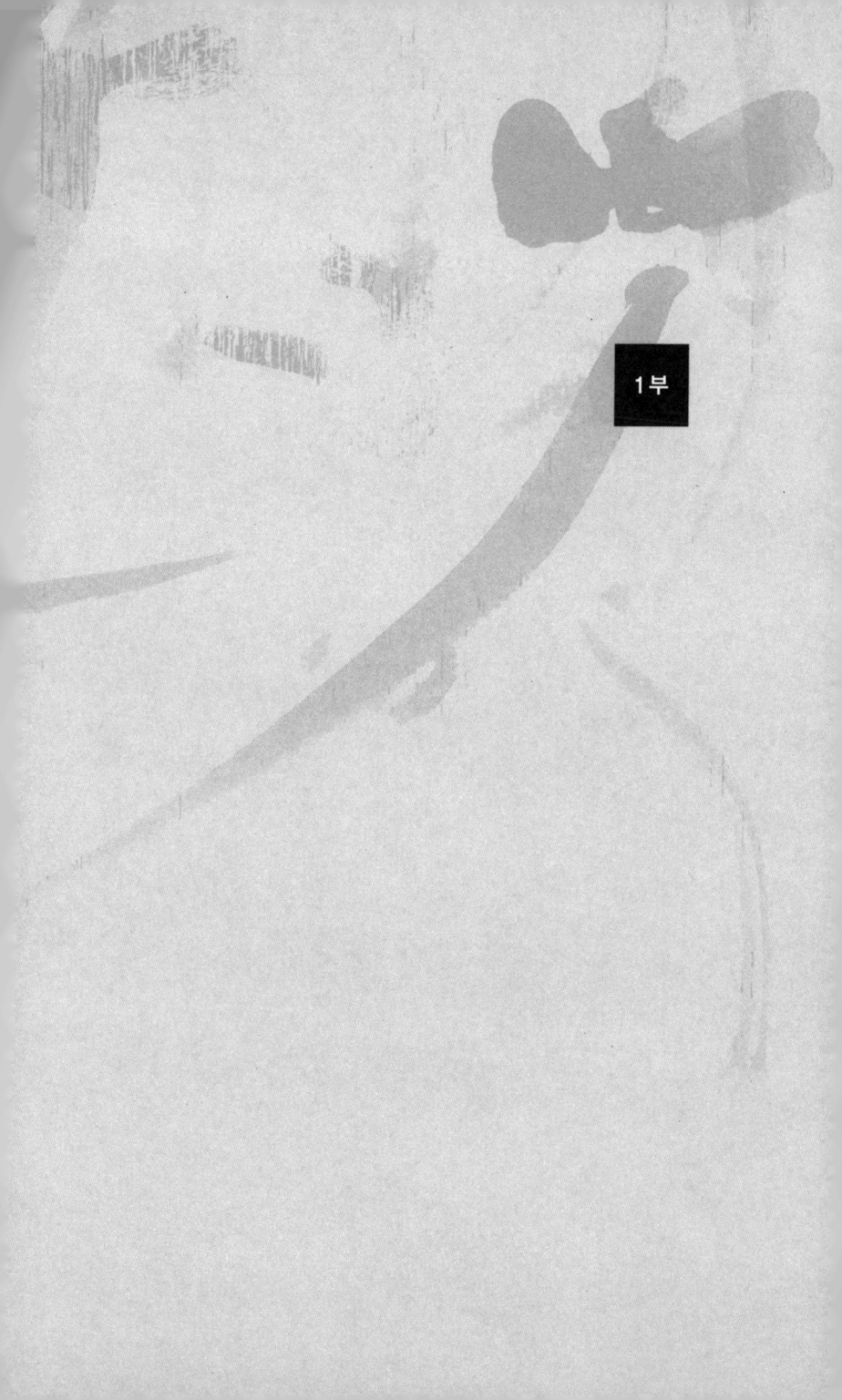

1부

한식청명

한식청명
낼모렌데

눈이 내린다 내려
영동산간에 내 마음에

절기 뒤틀린 세월이
꽃 속에도 몰아쳐

수상한 꽃샘 닥치고
이상한 내 삶 덮치고

아파트에 오는 봄
봄 같지 않아

먼 하늘 너머
고향 보리밭 그리움

문득 봄비 소리에 놀라며

'봄은 봄인가?'

구구

주먹구구로 살아왔네
아직도 서투른 구구

구구라면 무슨
비둘기 울음인가

아직도
내 어깨엔
내려앉지 않는
비둘기

당연하지만
서운한
구구

구구는 여전히
八十一鷗草堂.

---
* 제주 유배 해제 이후 완당 김정희 선생의 용산나루에서의 강상(江上) 시절을 六十四鷗草堂이라 부름.

밤 산책

원보가 싫어하는 초생달 뜨고
그 밑 한 뼘쯤 아래
원보가 좋아하는 별도 떴다

봄은 익어 둥둥둥
내 가슴에 떨어지고

나는
내 아들들 속에서
둘로 넷으로
혹은 다섯으로
좋거니 싫거니 찢어진 채로
집으로 집으로 향해 걸어간다

이렇게 살아 있음이
희한쿠나

하늘에서는 이미 아우러진 걸
내 아들들 속에서만 내가 찢어져

나는 찢어져
찢어진 그대로 비틀비틀
이렇게 걷는다

희한쿠나

봄은 익어 둥둥둥
내 가슴에 떨어지는데.

短詩 하나

끊으려면 잇는 법
아주 잊히기 위해
이리 우뚝 선다
이루지 못하고 가는 것이 사람이라
오늘
진지하게
죽음을 한번 생각한다.

短詩 둘

내 가슴에 달이 들어
내 가난한 가슴에
보름달이 들어
고층 아파트 사이사이를
산책 가는 내 가슴에
가을달이 들어.

短詩 셋

감기 들린 작은놈 콜록 소리
내 가슴에 천둥 치는 소리
손에 끼었던 담배
저절로 떨어지고
춥다
그리고 덥다.

短詩 넷

진종일 바람 불고
바람 속에 꽃 피고
꽃 속에 내 그리움 피어
세계는 잠시도 멈추지 않는데
내 어쩌다 먼 산 바라
여기에 굳어 돌이 되었나.

短詩 다섯

창 너머
내가 늘 바라다보는
감나무 한 그루에
감꽃이 숱하게 피었다

보기만 해도 그런다
아직 어린데도 그런다

올 겨울엔 감 실컷 먹고
똥구멍에 감타령 나겠다.

短詩 여섯

하 답답해
아내더러 이야기 좀 하자 했더니
아내는 대뜸
비겁하다고 지청구다.

꿈결의 詩

  1
거북이는 집 뒤에서 인사를 하고
한 마리 개를 잡아
나라 위한 전쟁에 참여하도다
칼은 무디고
개는 거름이 되어
한 밭 모란을 가꿔내도다
여름이 오기 전에
전쟁이 끝나기 전에
참전비를 뽑고
문득 모란밭에 자결하도다.

  2
환란의 여름은 列島에서 그치고
갯비린내 흰 이마에 남았다
아
게 같은 여인을 사랑하다
늪에 빠진 이 가을
젊음이 빠져나간 게 껍질에

바람 소리와 눈물 자국을 찾아
북녘에 있는 그대에게
글발하고저.

水西

이름 좋다
물 서쪽
노란 새 오겠구나

봄도 한철
지는 해 한철

나 이제 가리라
水西에 가

투기해서 돈 벌러
남 안 볼 때 별 볼일
아예 없을 때 그때
나 가리라
水西에 가

혼자 돈 벌어
올 때는
수갑 차고

웃고 오리라

아예 발가락에 손가락
심장에도 털 달고
당당하게 오리라
내 생애 단 한 번
크게 웃고 오리라
도적답게 오리라.

별

내일 새벽
나의 죽음 뒤에
아마도
별이 뜰 것이다

불쌍한 우리 네 식구처럼
네 개의
푸른 별 뜰 것이다

우주의 비밀이다
살아서는
내 몸 속에 빛나던,
아름답던,

나를 이제껏
살게 했던

그 별이 처음으로
우주에 뜰 것이다

숨어 있던 별,

아마도
내일 새벽
나의 죽음 위에
비밀을 열 것이다

다시 산다면
나는
불쌍한 우리 네 식구처럼
네 개의 푸른 별로

항상 떠
내내 비췰 것이다.

내 땅

진리는 서편 하늘에
노을처럼 빛나고

나는 여기
마른나무 되어 가지 못한다

내 땅이여

더는 물 흐르지 않고
물속의 푸른 별 비춰지 않고

저벅저벅
소리내 다가오는
털 돋는 이빨의 그림자들

땅이여

내 가지 내가 꺾어
숟가락 싸들고

남으로 가리

묻으러
가리

못 가는 내 땅이여.

지옥에

지옥에 청정한
나무 한 그루만
잎새 하나만 있다면
그것은 하늘
생명의 기억,
나무처럼 잎새처럼
팔을 벌리고
창세기를
창세기를
다시 시작하리라.

쓸쓸한 자유

내 사랑의 압제를 벗어나
벌판에 홀로 섰을 때
바람은 더운 이마를 식히고
풀꽃들은 내 몸을 간지럽힌다
철쇄는 부쉈으나
갈 곳 없이 망연한
쓸쓸한 자유 속에서 때론
너의 압제를 그리워한다
아, 자유는 고달픈 방황,
그러나 자유는 내 삶의 조건이니
자유 없이는
난 한낱 미치광이,
낮달을 씹어먹는 한 괴물일 뿐.

기다렸으나

기다렸으나
먼지 낀 밤하늘에
별은 뜨지 않고
남쪽으로 가는
비행기 불빛만 지나간다

기다렸으나
꿈꾸는 나무 그림자
자동차 불빛 끝에 사라지고

기다렸으나
장마가 오는데도
맹꽁이 울음소리
들리지 않고

기다렸으나
기다렸으나

밤 산책길에 흰머리 노인

오늘은 웬일로 오질 않는다

여름날 밤 아홉시
목동아파트
홀로 서서
내내 기다리고 또 기다렸으나.

눈길

애틋한
고양이 울음소리에
샛노란 불방울이 달렸다

네 미소에는
날카로운 칼날이 달렸다

맵디매운 이월 매화여

벌거벗고
홀로 눈길 가리라.

그때

내 귓속에
한 사람
얼굴 없는 사람이 앉아
귀 기울이고 있다

벌 소리일까
톱날 켜는 소리일까

어제와 오늘 그리고 똑같은 내일
지루한 지옥의 삶
내 귓속에

어릴 적 내가 앉아
울고 있다

엄마를 기다리는 걸까
아빠를 기다리는 걸까

산은 거꾸로

눈물 젖은 눈에 비치어

아
환상의 시작이었다
이 지루한 지옥의 삶의 아련한

시작,
내 어린 날
그때.

아파트 꿈

나는
아파트에다
토담집을 짓는다

아파트 사이사이로
돌아 나가는 강물이 있어
산책길에
내 발을 적신다

음악이 들리는 창문
장미가 피는 창문
라일락이 서 있는 창문은
모두 다 내 집이다

내 눈의 집

저녁달이 오르면
내 눈은 거대한 우주가 되어
아파트 위에 둥실 뜬다

내 눈은 이제
빛

푸른 초원 비춰는
구월 밤의
빛.

횔덜린

횔덜린을 읽으며
운다

'나는 이제 아무것도 아니다
즐거워서 사는 것도 아니다.'

어둠이 지배하는
시인의 뇌 속에 내리는

내리는 비를 타고
거꾸로 오르며 두 손을 놓고

횔덜린을 읽으며
운다

어둠을 어둠에 맡기고
두 손을 놓고 거꾸로 오르며

내리는 빗줄기를

거꾸로 그리며 두 손을 놓고

휠덜린을 읽으며
운다

'나는 이제 아무것도 아니다
즐거워서 사는 것도 아니다.'

비

리듬은 떠나고
비만 내린다

내리는 빗속에
춤추며 하소하나

리듬은 떠나고
비만 내린다

내리는 빗속에
온갖 것 소리지른다

흙도 사금파리도
상추잎도 소리지른다

닫힌 몸 속에서
누군가 소리지른다

외침의 침묵

리듬은 떠나고
비만 내린다.

道

몇 평 안 되는 아파트지만
홀로 앉아
세계를 굽어본다
'道는 어디 있는고?'
'내 속에 도사렸다!'
'언제 풀리는고?'
'밖에 나서면!'

님

가랑잎 한 잎
마루 끝에 굴러들어도
님 오신다 하소서

개미 한 마리
마루 밑에 기어와도
님 오신다 하소서

넓은 세상 드넓은 우주
사람 짐승 풀 벌레
흙 물 공기 바람 태양과 달과 별이
다 함께 지어놓은 밥

아침저녁
밥그릇 앞에
모든 님 내게 오신다 하소서

손님 오시거든
마루 끝에서 문간까지

마음에 능라 비단도
널찍이 펼치소서.

2부

낯선 희망

내리는 비를 타고
한없이 내려라

증발의 날을
기다림도 없이

내려라
내림 속에 떠오르는

첫 무지개

태양도 없이 떠오르는
비 오는 날의
낯선
낯선 희망.

지는 봄꽃

누구십니까
밤마다 이맘때면
늘 창가에 와 멎는 발걸음
누구십니까

쉰도 넘은 내 나이
연인일 리 없으니
아파트 안에선 볼 수 없는
달빛이리까
혹은 별떨기이리까

생각해도 알 수 없는
성실한 그이
무상한 그이

어느 해 봄
내 사랑을 읽고

울던 진달래 꽃밭

꽃들이 내 얼굴 간질여 위로하더니

오늘
지는 봄꽃이리까

울적한 내 마음을 보아
그렇습니까.

저녁 장미

담배 연기에 싸여
부우옇게 떠오르는 저녁 장미

노을은
동편 하늘에 쓸쓸함을 주는데

누군가
아이 부르는 소리

누군가
신음 삼키는 소리

'장미꽃 피는 날에
돌아온다던 당신'

누군가 멀리서 노래 부르는 소리

날은 가고 또 오고
마음은 달뜨는데

한없이 내뿜는 담배 연기에 싸여
부우옇게 떠오르는
빛 바랜 저녁 장미.

빗소리

빗소리 속엔
침묵이 숨어 있다

빗소리 속엔
무수한 밤 우주의 침묵이
푸른 별들의 가슴 저리는 침묵이

나의 운명이 숨어 있다

빗소리 속엔
미래의 리듬이
死産된 채로 드러나

잿빛 하늘에 흔적을 남기던
옛사랑의 이야기가
숨어 있다

침묵으로 나직이 共謀하듯
숨어 있다

빗소리는 그러나
침묵을 연다

숨어서
숨은 내게 침묵으로 연다
나의 침묵을 연다.

오월 산책

내 머리칼 속을
새들이 날고

온몸엔
북소리 들려라

먼저 간 이들
함께 거니는 오월 산책

아스팔트에 꽃들 피어나고
행상들 비닐 속에 물고기 뛰놀고
먼 곳 푸른 산 긴 한숨 소리

천지에 가득한
새 울음소리.

해

한 편의 시가
배부르지 않은 초여름

이것말고
다른 것 있을 듯해

늘
창 너머 본다

거기
나무 한 그루
새 한 마리

그리고

해.

부끄러움

꽃 터질 때마다
울리는 쇠북 소리

바람
잎가에 서성거리고

대낮에도
별들이 반짝인다

다시 태어나고 싶다

이 봄에
스며들듯
죽고 싶다.

天刑

아름답네라
온갖 無望의 것들

일그러진 내 마음의 자식들
모두모두 아름답네라

비 오는 노을
막내와 모형비행기를 날리며
오늘 들어 몇 번짼가
내 머리는 피를 뱉으며

오오 아름답네라
그리움마저 끊어진 지옥

天刑이여
天刑이여
모질도록 아름답네라

비에 젖은 가로수 하나

미치도록 미치도록 아름답네라.

망향

내 마음에
복사꽃 피고

눈앞 가득히
무연한 봄 들판 펼쳐져

가랴
못 가랴

고삐 풀린 이 마음
방 안에서만 헤매는데.

쉰둘

돋보기를 써도
앞이 부옇다

아마
데리다는 영영
못 읽을 것이다

쉰부터 다시 산다는데
사는 것이 이리 어렵다

앉아
그대로 먹먹한 날들
쉰둘의 날들.

늙음

늙고 병드는 건
다시 태어나는 것

쓰린 후회는 닻
출항이 멀지 않다

그러매
죽음은 그저 한계일 뿐.

어젯밤

어젯밤
나는 죽었다

마음 깊은 곳
어쩌다 떠오른
꿈속 여인마저
말잔치 장바닥에
내다 판 내 넋은 어젯밤
죽었다

우물 깊이
내리던 두레박 깨어지고

천지사방에 물 흩어져
목마르고
허전하고

말라, 어젯밤
나는 죽었다.

거기

우엉 뒤
허물어진 돌덤부락
그 뒤 초가집
높은 토방 위
수놓은 원앙 한 쌍
唐彩에 행복 머문다
어릴 적 꿈은
지붕 위 별 속에
아아
거기!

여전

한때는
밤도 많이 새웠지요

지금도 그럽니다
당신 때문에

'이 썩을 놈아!'

그럽니다 여전

당신 때문이라고 생각합니다
지금도 안 계신 그 당신

그래

'이 죽일 놈아,
이놈아!'

날 채찍질하며

웃지요

지금도 님이여
보름달 밝아 좋아 구황 타러 갑니다 여전.

겨울

내 마음 여위어
겨울 나무 같아라

잿빛 구름 함께
까마귀도 와 앉거라

바람 소리 가깝고
번개 치리

번개 속에
숨었던 옛일 하나
비춰나리

땅속 스치는
희미한 노랫소리
그림자 하나 흔들림

거기
무서운 기별

봄 오리라.

간혹

간혹
가만히 앉았을 때
내가 누군지 모를 적이 있어

혹간은 내가 아예
없는 듯도 해서

아내는 날더러 도인 됐다고
도통했다 웃는데

아닐거라
필경은 날 잃어버린 건데

촛불 켜들고
거리거리 찾아 나설까

기억 따라
옛 술집들, 옛 병원들
옛, 옛 감옥들 밟아가

날 찾으러 가
갈거나

초겨울
포플러에 남은 마른 잎 하나
그 밑에 쪼그려 앉아

간간이 들리는
머언 곳 희미한 나팔 소리 들으며
생각한다

날 버린 이 누구 있어
날 잃어버렸나

온 곳도 갈 곳도 잊고
멍멍히 앉아 생각한다

흙 한 줌 물 한 방울 참새 한 마리
높이 뜬 흰 구름 시청 앞 전광판에

아황산가스 얼마 얼마
뒹구는 낙엽

저기 그리고 여기
거기 또 거기

가득가득 찬 잃어버린 분이여

나
어허
나로구나.

우물

 1
울적하고
시장한 겨울 깊어
한 해가 간다
동전 세 닢 여섯 번 던져
易에 묻자
그늘, 빛, 빛
빛 그늘

나왔구나
물 바람 우물괘

도읍은 바꿔도 우물은 못 바꾸리.

 2
흐리고 썩어
못 마시는 낡은 우물

옛 우물에 새조차 오지 않네

때가 날 버렸구나

새 물 졸졸 솟아
붕어 노니나
두레박 깨어져 물 새는구나

동무들 다 떠나 자취 없는 우물전.

눈물

잊었던 눈물
돌아온다

손 바래기보다
먼저 와 고갯마루 나선다

눈물이
밟힌 벌거지 기게 하고
가난한 이들 마음 서로 비비게 하고
기는 모습 비비는 모습 보고 또 보고 울고

돌아온다
눈물

와서는
막힌 내 가슴을 운다

아 얼마나 오랜 이별이냐

나는 살았다
미움마저도 고맙구나

마음 밑바닥 오늘
별 하나 뜨고

이 가난
복되다.

제사

흰 무명옷 갈아입고 앉아
대낮 해맑은 빛 속
내 안에 시방 살아 계신 옛 할매께
제사 드린다

드소서

요즘은 강연도 하고
글도 좀 쓰고
밥은 어찌 먹습니다

드소서

막걸리 한 잔
명태 한 마리 드시니
물속 깊은 어딘가 빈 곳
새벽별 넷 차례로 떠오르고
소슬바람 떨리고 시린 물 흘러
잊었던 어메 아배

곰보할매 옛 물레 속에 함께 돈다

돌고 돌아라

아이들아
너희도 함께 돌아

창호지 문에 푸른 새벽 빛
빨간 등잔불 꽃봉오리 보이느냐
원앙 수놓은 이불보에
기린이 봉황이 푸닥인다 보이느냐

굶어 돌아가신 고할매
너희 안에 살아 계시니

아이들아
밥 정히 모시거라

드소서

눈물 거두고
이제 많이 드소서.

홍성담

의왕구치소에 갇힌
화가 홍성담 씨를 면회하러 갔다가
화가의 모친
늙은 주름살을 면회했다
모친은 소리 없이 흐느끼고
화가는 싱그레 웃고 있었다
화안하고 따스한 그 해맑은 웃음이
유리벽을 얼푸시 뚫고 나와
모친 흐느낌의 손을 꼬옥 붙잡고
내 가슴속
시내 복판 어느 잘하는 대구탕집
대낮 해장술에 취해
셋이서 한참 떠드는 걸 면회하고
돌아왔다.

한울

병으로
오래 외롭다 보니

사람이 사람에게
한울님인 걸 알겠다

메마른 겨울 나무
한 오리 바람에도 마저
반가움이 앞서는데

전화벨 소리에 가슴 뛰는 소리
손님 맞는 마음에
비단 깔리는 소리

기이할 것 없다

본디 세상은 한울이었던 것
이제껏 내가 잊고 있었던 것

외롭다 보니
외롭다 보니
병이 스승인 걸
이제야 알겠구나.

살림 소식

사뭇 불안하니
오늘은 무슨 소식 또 있을까?
동아일보는
콩나물에도 죽임이 서렸다 하니
벗들!
이젠 콩나물도 길러 먹자
오늘 소식이다
살림 소식

끝.

테레비

무공해라는 공해까지 생겨나
테레비는 온종일
죽여라 죽여라 악쓰고
내 가슴은 살려라
살아보자 높이 외치건만
어쩌자고 아이들은
테레비만 안고 도나.

되먹임

내 목숨은
아득타
별로부터 오셨으니

내 목숨은
가까이
흙으로부터 풀 나무 벌레와 새들 물고기들
내 이웃들로부터 오셨으니

죽고 싶어도
죽기 어려운 것

우주가 날 이끌고 있어
튕기고 이끌고 또 튕기고

살고 또 살아
갚아야 하리니
이 은혜를 갚아야

쪼그려 앉아 흙 위에 돌팍으로 쓴다
가슴팍에 깊이깊이 새기며 쓴다

'되먹임!'

솔잎

엄동에도
솔잎은 얼지 않고
나무들은
뿌리만으로 겨울을 견딘다
모두 오염되고
파괴되었어도
생명은 얼지 않고
뿌리에서 오는 힘으로 넉넉히
새봄을 준비한다.

축복

우주는
신의 몸

네 죄는
삼라만상을
사랑하지 않은 죄

사랑을 넘어 차라리
이젠 미물조차 공경하므로

용서받으라
또한
축복을!

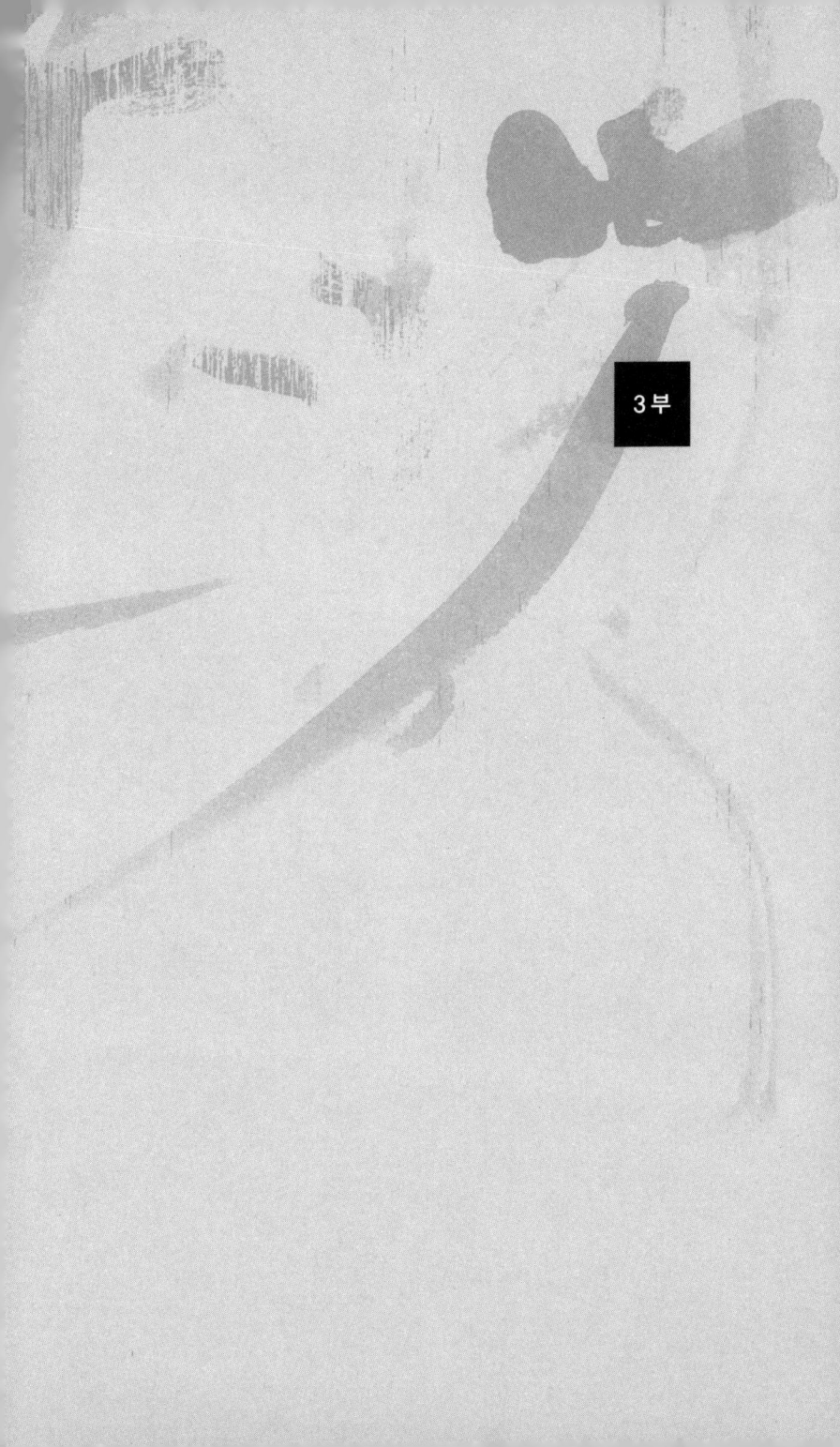

3부

아내에게

내가 뒤늦게
나무를 사랑하는 건

깨달아서가 아니다
외로워서다

외로움은 병

병은
병균을 보는 현미경

오해였다

내가 뒤늦게
당신을 사랑하는 건

외로워서가 아니다
깨달아서다.

산책은 행동

겨울 나무를 사랑한다면
봄은 기적 같으리

고독한 사람이
물 밑을 보리

이리저리 흩날리는
가랑잎에 훨훨훨
노을 불이 붙는다

산책은
행동.

초겨울

이 계절
참되다

잎새 떨어진 나뭇가지들
뼛속에서 한겨울 어귀찬
바람 소리 꿈꾸고

감추어진 온갖 아픔들
모두 드러나
죽음이 죽음에게
생명의 비밀을 속삭이는 때
아 초겨울

병든 남편이
병든 아내를 간호하는 잿빛 나날의
갇힌 방으로부터
포근한 남쪽
돌아갈 길은 끊기고

흰 눈은 아직 내리지 않고

조용한 기다림

이 계절 참되다.

소박하다면

소박하다면
이 죄 갚으리

일그러진 마음에도
들꽃 한 아름 안을 수 있다면

새를 님이라 그리워할 수 있다면

천 년 묵어 썩어 문드러진
이 죄 다 갚으리

길가에 가래침 뱉지 않고
물 공기 더럽히지 않는다면

일그러진 문둥이 마음
꽃 피어나듯 웃으리.

내년 봄엔

이마 위에
흰 별을 이고

두 팔 허공에 벌리고

두 다리 대지에 깊이 묻었다

마시는 물 썩었고
마시는 공기 썩었고

새들도 멀어지고 가을이 와도
열매 맺지 않는다

내년 봄엔
꽃이 피랴

내년 봄엔
꽃인들 피랴.

보리 싹

옛 거리는 침침하고
나는 굳어 돌이 되었네

겨울 나무에
새도 오지 않고

죽음은 늘 곁에 머물고

대낮에도 별을 보던 눈
이제는 멀어 옛 거리 침침하고

내 마음 캄캄하다
나는 굳어 돌이 되었네

기억 속에 떠오르는
검은 흙
파릇파릇한
보리의 새싹.

남쪽으로

외로움 속에
떠오르는 나무 한 그루

가지마다
북쪽 바람이 감겨

기우는 내 마음
남쪽으로 간다

검은 흙
파릇한 보리 싹

동백 한 송이
새빨간

새빨간
겨울 바다

기우는 내 마음

남쪽으로 간다.

어느 귀퉁이

어느 귀퉁이 하나
뚫린 곳 없이 막힌 마음

한 줄기
서녘 햇살 젖어들고

외로운 솔
이월 바람에 춤춘다

정다운 친구는
어느 거리에 숨었나

빈 도시 빈 하늘이
내 몸 안에 다시 태어난다

발그레한
한 줄기 서녘 햇살로 태어나

내 마음에 비스듬히

이리 비긴다.

푸르름

울적한 이월
바람으로 산다

스모그 하늘 너머 빛나는
별이 있어 잠들고

소식 끊긴 친구들
추억으로 숨을 잇는다

외로운 솔이여
나를 지도하라

허허벌판에 우뚝 서
죽음과 더불어 사는
메마른 나에게

솔이여

푸르름의 비결을 굳세게 가르치라.

첫 문화

말하고 싶어
견딜 수가 없다

아파트 사이
공터에 나가

입에
손을 모은다
속삭인다

'꽃이 피었다아──'

'꽃이 피었다아──'

한겨울에
석 달 만에

'난초 피었다아──'

소리는
하얀 입김이 되어

푸른 하늘에
뜬다

사방으로 흩어진다

'피었다아——!'

첫 문화다.

갈꽃

싸늘한 듯 살가운
가을풀 냄새
이리
돌아오는 옛 마을

코끝에
또 가슴속에
갈꽃 하나 흔들려

나
지금
거리에서 버티고
모멸에도 미소짓고

술 취한 밤
파김치 발길이
집 찾아 돌아오고
또 돌아오는 것은

갈꽃 하나
내 아내

마음의
틈

이 가을
숨쉬는 일 모두 다

아아 귀향!

길

길에서
조금
벗어나고 싶다

가득 찬 길
뻔한 길
화살 같은 길

길가
가로수 그늘
찻집이나 골목 어디

서성이고 싶다
더듬어
낯선 집 찾아가고 싶다

아직도 들리는
가위 소리

지금도 흐르는
물소리

달리는 차창
서늘한 유리에 가져다
고개 기댄다

길은
아무래도
내 길이 아닌가 보다.

세밑

일산종합시장
고양체육관
체이스컬트
농협

틈투성이다

틈 사이로 여러 갈래
가느다란 골목길

가시버시 세 쌍이
아이 하나 데리고
노래 부르며 올라간다

노래 아직
내게 들리지 않고

짐작은
아리랑,

하늘은 반지 같은
흰 초승달 끼어

세밑
아직
멀었다.

물

시월 난초에
꽃대 오를 때

푸른 하늘은 큰 물방울

눈물난다

물속에 우주 살아 있음
생각하니 눈물난다

가신 이
올 아이들
내 몸 물속에 살아

틈틈이 꽃
내 몸 우주꽃

시월 난초에
꽃대 오를 때

푸른 하늘은
큰
눈물 방울
방울.

소리

무엇인가 떠오른다
발끝에서
등에서
젖꼭지에서
머리칼마다에서

무엇인가
노래 같은 것
왠지 애잔한 것
쓰라린
회한 같은 것

낮게
속삭이듯 떠올라
가슴 저민다

'왜 죽으려느냐
나 이제 갈 곳이 없다.'

숱한 별들 해와 달
풀벌레 풀
꽃잎들에서 떠오른다

'왜 죽으려느냐
나 이제 갈 곳이 없다.'

슬픈 밤
꿈속에서도
무엇인가 자꾸만 떠올라온다

'왜 죽으려느냐
나 이제 갈 곳이 없다.'

나 이제 갈 곳이 없다.

틈 1

세상에
아름다운 것
햇빛 밝은 날
잎 위에 잎그늘

이파리 사이사이
푸른 하늘

틈

세상에
아름다운 것
미소의 그늘
아픔에도 웃는 얼굴

감옥에서 보고
진도 씻김에서 보고
울적한 오늘 아침
내 마음에

내 몸에
열리는 숱한 틈
틈마다 영그는
웃음소리
그 그늘에서 또 보고.

틈 2

사랑은
틈

내 안에 벌어지는
꽃이파리 하나

햇살 비쳐들고
바람 불어오고

벌이 오고 또 나비가 오고

흰 구름 흐르다 흐르다
밤이면

푸른 별자리들 기울어
이슬 내리고

사랑은
틈

거리에서도

아아
너로 하여
나

우주에 살고.

가을

낙엽철
햇빛 속에서

머리를 긁어 올린다
흰 비듬이
우수수 쏟아진다

가슴에 꽂힌
모진 눈빛들 칼끝 같은 말들
다 쏟아진다

푸른 하늘

제주 어디쯤
검은 돌 틈 흰 갈꽃에 가 있는
내 마음 그물 새

가을.

숨은 사랑

살풋
숨은 사랑

가을 아침
흰 햇살에
댓잎 이슬

내가 널더러 가라 하고
떠난 뒤엔 하늘 우러러
눈물 한 방울

방울 속에
살풋
숨은 사랑

우주적인 것
작은 사랑

죽음 후에도

무궁무궁

앓는 아내 머리맡
댓잎 이슬
숨은 사랑.

나그네

길 너머
저편에
아무것도 없다

가야 한다
나그네는 가는 것
길에서 죽는 것

길 너머
저편에
고향 없다

내 고향은
길
끝없는 하얀 길

길가에 한 송이
씀바귀
피었다.

쉰네 살

사랑 잃어버렸다
봄에
꽃잎 시들고
푸른 하늘 나직하다

아파트 모서리
날 선 내 마음 모서리
칼이 되어
아무나 찌르고 쑤시고
저도 가르고

아아

사랑 잃어버렸다
눈 침침하다

운다

길 양쪽 휘어져

가로수들 서로 맞절하는 오후
쓰린 가슴에
섬김을 배운다

저만큼 거리 두고
공경하는 법
공경으로 사는 법

나
이제
쉰네 살에.

편지

막막합니다
세상 돌아가는 것

지구 우주 모두 다 이상하게
뒤틀리는 것

바로잡을 길 없는
어찌할 바 모르는

나날이 그저
막막합니다

길은
내 속에 있는지요

내 속 들여다보면
화안하고 시커멓고

지극히 사랑하던 것

또 미워 몸부림치고

생명도 또한
그런 건지요

혹독한 파괴 곁에
새싹 움트는

봄철에 그 꽃눈에
당신 계신지요

모를 건 당신
모르는 건 나

이렇게 무지스럽게
죽임을 살림으로 아는

나 이 세상에
왜 내놓으셨는지요

오늘도 낮과 밤 뒤섞이는
노을녘에 망설입니다

아직도 해거름의 뜻 몰라
외길에 서성입니다

언제나 길이
끝에서 끝으로 이어짐을

확연히 깨닫나요
그날이 언젠가요

안녕히 계십시오
아직은 살아 있습니다.

돌아가지 않겠다

나
고향에
돌아가지 않겠다

쓰라려도
여기 살겠다

거리의
소음 속에
희미하게 들리는
샘물 소리

뒷골목 응달에 부는
낮은 산바람

다만
네가 내게
손을
빈틈없이만 준다면

한 그루
가로수 아래
풀이 자랄 수만 있다면

나
고향에
돌아가지 않겠다

쓰러려도
지금 여기
에써 살겠다.

삶 1

꿈꾸지 않겠다
꿈으로
고통을 이겨내는 일
그만두겠다

지긋지긋해도
하루하루 삶을
무심히 살겠다

풀 한 포기와 말하며
우주를 살겠다

꽃이 핀다면
더 바랄 것 없고

풀도 꽃도 없는 아파트에선
시멘트 입자와 이야기하리라

삶은 우주

삶은 진리

아직 내 몸 살아 있고
아내와 새끼들
곁에 살아 있으니

아아
내 삶
한없이 넓고 넓구나

아아
아직도 산다는 것
깊고 깊구나.

삶 2

내 몸
어딘가
부서지고 있다

내 마음 하염없이
무너지고 있다

흙이 죽어가고
풀이 마르고 나무 병들고

새들 울부짖는다
하늘은 구멍 뚫리고
산성비 쏟아져 내리고

모두 다 내 몸
나는 병들었다

나
이제

일어서리라

일어서
치유하러 가리라

가리라
가
돌아오지 않으리라.

저기 여기

봄은 철쭉
저만큼 있고

내 마음에 여기
흰 철쭉 핀다

사랑도 그런 것이냐

너는
저만큼서 웃고 있고

내 마음에
너는 울고 있다

우주는 밤낮 바뀌어
제 갈 길 가는데

내 속의 우주 홀로 멈춰
썩어가고 있다

꽃들 지고
잎새 무성한 여름이 오면

나,

우리가

하나 되리.

변환

눈부시게 꽃 피는
라일락 밑에는
시체가 있다

시체 썩는 소리 들린다

내 고통
긴 기다림이 있다

기다림이
꽃으로 바뀌는 소리
들린다

벌이 오고
나비가 날아들고
하늘에 구름 빛나는
오월 잔치 밑에
변환이 있다

무서운 무서운
생명의 변환이 있다.

한 뼘

한 뼘이나 남았을까
오후의 겨울 햇살
내 목숨

한 뼘이나 남았을까
너를 향한 그리움
그리고 풀꽃 사랑

무궁이라 믿었거늘
갈수록 야위어가는
내 마음

이제 한 뼘
혹은 두 뼘
아니면 아예 어둠

어둠 속에서 부스스 일어나
창을 열고
우주로 떠난다

풀꽃에게로 떠난다.

얽힘

신비는
신비대로 있고

과학은
과학대로 서는구나

둘이
못 만난 지 얼마?

오천 년?
만 년?
오만 년?

아마
옛 모습은, 글쎄
너는 너고
나는 나로되

그저

이리저리

서로 얽힘이었을 것,

그래!

4부

詩
4332년 12월 15일 낮
옛 가야 땅을 지나며 詩를 생각한다

짓지도
쓰지도 말라

이제
속에서 떨리고
밖에서 흐르라

산에 울고
물에서 웃으라

넋이
넋이 아니거든

쓰지 말라

때로는
쓰지 않아도

빛이 나

온통 흰빛이 나

구름이리라

삶이
곧
詩이리라

깊고 깊은
시장 한복판에서

때론
창녀와의
풋사랑이

흰 그늘
빛나는 한 편의
詩,

그것이리라.

신새벽

한 님 앞에
뜬눈으로 긴 밤을 새우고
신새벽에
남쪽으로 간다

해는
저기 있고
달은
여기 있다

아직 별들도 남아 있다

내 마음과
몸 안에
모두 있다

네 눈빛도

사랑아

옛날 그 불꽃이었던 사랑
그도 와 있다

이제껏
울며 지나온 땅들 그리고
헤어진 벗들

이제부터
가야 할 머나먼 길의
가로수 이파리들
그 위의
바람들

모두 있다

살아 있다

신새벽 푸른 공기
그 속에, 내 마음과

몸 안에

숨어 계신
한 님과 함께

빙긋이
저기서
미소짓고 있다.

伽倻의 산들

伽倻의 산들
심상치 않다

겨울 흰 햇살
너른 들에 우뚝 선
검은 봉우리

신 내려
떨림

아아
伽倻여 伽倻여

망한 옛
東夷의 아득아득한
솟대여.

伽倻의 흰빛

오늘
돌아갈 길 없음

흰 바다
눈부신 빛뿐

갈 길 없음

숲 속에서 네가 기다린다는
갈매기의 애틋한
전갈도

흰 구름 모서리
한 소식 숨어 있다는 들뜬 기별도

모두 다
오늘
돌아갈 길 없음

흰 바다
눈부신 눈부신

쓸쓸한
빛뿐,

伽倻의 흰빛
그뿐.

옛 伽倻에 와서

햇빛
외로운가

무덤 속의 사람아

옛 伽倻의 여인이었던
내 사람

이제

한낱 유행가 속의
남쪽 인연

새들이 허공에 떼지어
무늬 만들고

伽倻山
이제 간다

나
이제 산으로 간다

햇빛
외로운가

무덤 속의 사람아

칠서 휴게소에서
희고 고운
네 넋을 잠깐 보고

靈山
검은 빛 스쳐 지나며

나
운다

옛 무덤 속의

伽倻 여인아

伽倻 여인아

젊어
가라앉기 힘들고

늙어 뜨기 어려운

한세상
너를 부르며
유행가처럼 부르며

나
이제
伽倻山
간다.

夷史

산 아래
물가에
우두커니 앉아
하늘이 왜 푸른가를
생각한다

아무도
곁에 없다

올 것 같지도 않다

왔다 간
흔적조차 없는
빈자리

너는
환영처럼 거기
서 있다

희다

너의 이름은
夷史,
잃어버린 東夷族의
아득한 넋

내
마지막 삶의
밑둥이여!

玄風을 지나며

산 아래
구름 있어

玄風이다

바람도 바람
검은 바람

내 배 아래 바람
누이 바람

내 누이 아래도 바람

산 위에
물 있고

물 아래 산 있어

기이하다

오늘
여기 지나는
인연이 기이하다

훗날
다시 오는 날

흰 구름이
발끝을 적시리

산 위에
내 넋
높이 떠나리.

八顯四隱

여덟
드러나고

넷
숨다

옛날엔
星山이며 高靈이며
伽倻 땅
그리도 멀더니

쌍용레미콘
고령토 공장 건물까지 들어선
논공 근처에서마저

신령이 와
말을 건다

아,

이제야
왔다

그러매 이젠
몸 안에 있는 눈들도
모두 열려라

여기
한
장이 서리라.

伽倻孤雲
紅流洞에서

멀리서 보는
伽倻山

슬프다

더 멀리서 보는
海印寺

슬프다

여기
구름이,
구름 같은 한 생애가

외로이
머물다 간
역사가 슬프다

孤雲

한
떨림

흘러간 紅流 너머 勢山의 밑
외짝 신발이여
눈물이여

마주한
나그네 마음속
흰 山勢여

슬프다

겨울 햇살 아래
소주를 붓고
天符를 九讀,

뭇 삶이여
어허

接化
接化로구나!

龍潭水雲
慶州 龍潭亭에서

내 운명은
물 한 잔

산을 지나고
물을 지난다

아아

물 한 잔이
걸어 지난다

사람들
솥들
욕망들

들에 가득 널려 있다

모두 다 빨래 같다

하나도
생동하지 않는다

말라,
목말라한다

지금 내가
한 나그네 마음 열어
말한다

지금에도
내 운명은
물 한 잔

언제
햇빛 있어
구름이 되랴

구름 되어

비구름 되어

거기
내리랴

내
멈추면
붉은 넋 아직도
龜尾山 속 남아
물 한 잔으로 남아

이리
운다

누구를 만나
이 물 한 잔
구름이 되랴
비구름

세상에
마른, 말라, 목마른
세상에 내리고

내려
눈물 되고 피눈물 되고
냇물 되고 강물 되어
저 크나큰 바닷물 되어

네 바다
한세상에 이르랴

이르러 꽃 피랴

아아

봄 되어
만년나무 생명나무 저 위에
천 떨기로

꽃 피랴
피어
팔방시방에 널리 널리

흩어지랴
흩어지랴.

숲 속의 작은 공터

왠지
그럴 것 같애

숲 속의
작은 공터에 갔다

거기
잃어버린 할아버지
계실 것 같애

고즈넉하고 소슬한 자리
홀로 울고 계실 것 같애

바람 불고
비 오는 날

사랑도 꿈도 모두
나를 떠난 날

거기 홀로
울고 계실 것 같애

숲 속의
작은 공터
가고 또 갔다

내 이름처럼
작은 꽃 한 송이
피우기 위해

좁은 내 마음속으로
망명하고 망명했다

거기 홀로 앉아
느을
늙어서
울곤 했다.

내가 나에게

내가
나에게 말합니다

혼자 가세요

바다가 빛납니다

거기
혼자 가세요

고요한 복판의 한
거기서 들끓는 화요일의 혁명들

이젠
혼자 가세요

바람도 불고
구름도 흐릅니다
그림자들은 나날이

짙어집니다

그 속을 이제는 혼자
오직 혼자서만 가세요

아무도
가까이 없습니다
돌아보지 마세요

바다가 빛납니다

거기
혼자 가세요

내가
나에게 말합니다

부디
혼자 가세요.

빗점

높은 곳
깊은 곳
빗점까지는

가지 못한다
간다

맑은 날에는
거기
비 오듯 쏟아지는

넋들의 붉은 울음소리

두려워 가지 못한다
간다

화개에서 실눈 뜨고
바라만 바라만 보다

마침내
간다

노고지리
뻐꾸기가

귀신 대신
노래 부른다

'높고
깊은 곳
빗점 빗점 빗점'

또
노래 부른다

'이제는 모두
돌아가거라 빗점'

달궁에서는 어제
기독교도들이

올 개천절에는
이 빗점에서
또 토박이들이

빌고
빌리라

그러나
내내 가지 못한다
간다

거기
옛 시간 속으로는
끝끝내
끝끝내
끝끝내.

花開

부연이 알매 보고
어서 오십시오 하거라
천지가 건곤더러
너는 가라 말아라
아침에 해 돋고
저녁에 달 돋는다

내 몸 안에 캄캄한 허공
새파란 별 뜨듯
붉은 꽃봉오리 살풋 열리듯

아아
'花開!'

■ 해설

꽃핌, 드러남과 숨음의 이중주

임동확(시인)

  김지하의 시들에는 멈춰 있되 끊임없이 움직이는, 그 어느 움직임보다 활동적이고 생기 있는 이상한 울림 또는 떨림이 흐른다. '멈춰 있다'와 '흐른다' 사이를 분명하게 구별해 볼 수 없는, 양립 불가능한 것들이 너무도 자연스럽게 동거(同居)하고 있다. 모순적이고 적대적이기까지 한 하나일 수 없는 하나이자, 그렇다고 둘도 아닌 둘인 그 무엇이 동봉(同封)되어 있다. 나누어볼 수 있으되 나누어볼 수 없는, 드러나되 결국 숨어 있는 세계의 이중주가 그의 시적 중심을 이루고 있다.

  진종일 바람 불고
  바람 속에 꽃 피고
  꽃 속에 내 그리움 피어
  세계는 잠시도 멈추지 않는데

내 어쩌다 먼 산 바라
여기에 굳어 돌이 되었나.

—「短詩 넷」 전문

적어도 김지하의 시에서 "꽃"은 그 스스로 피지 않는다. "꽃"은 어떤 면에서 서로 적대적이라고 할 수 있는 "진종일" 부는 "바람 속"에서 피어난다. "꽃"과 "바람"이라는, '부동'과 '유동'과 같은 상반된 것 속에서 현현한다. 무엇보다도, 가시적인 현시로서의 "꽃"은 그 자체로 머물지 않고, "잠시도 멈추지 않는" 어떤 비가시적인 "세계"와 연결된다. 그리고 이 과정에서 발생한 "그리움"은 이러한 두 대립되는 세계를 연결하는 매개물로 작용한다. "꽃"으로 대변되는 드러난 세계와 "잠시도 멈추지 않는", 미처 드러나지 않은 세계 사이를 잇는 마음의 흐름을 표상한다. 하지만 그동안 '나'는 자신의 주위에서 이루어지는 이러한 '나타남'과 '사라짐' 등을 보지 못한 채 "먼 산"만을 "바라"보다가 "돌"과 같이 딱딱한 사물로 "굳어"져 갔음을 느낀다. 움직이지 않는 듯해 보이는 "꽃" 속에서 어떤 움직임을 읽고 자신의 움직이지 않음, 곧 "꽃"의 유연성 내지 부드러움과 짝을 이룬다고 할 수 있는 "돌"로 상징되는 자신의 삶의 경직성 내지 딱딱함을 읽어낸다. 생명을 상징하는 "꽃"과 "바람"의 세계와 대비되는, 죽음 또는 죽임을 나타내는 "돌" 사이의 간극을 문득 깨닫는다.

여기서 중요한 것은 '바람/꽃', '꽃/돌' 등으로 대변되는 '유동성/부동성', '유연성/경직성' 등의 관계가 지극히 불안하고 불안정하다는 점이다. 달리 말해, 그의 시 대부분은 이 같은 이중성 내지 양면성을 한 단위로 놓으면서 시작한다고 해도 과언은 아니다. 하나가 다른 하나를 통합하거나 지양하는 것이 아니라, 서로 다른 것들이 공존하면서 생성의 사건에 대등하게 참여하는 것을 시적 기본으로 하고 있다.

이 시집 첫머리에 실려 있는 「한식청명」 역시 이런 관점에서 접근해 보면 이 점이 더욱 뚜렷이 드러난다. 얼핏 보면 이 시는 "한식청명"이 "낼모렌데" "눈이 내"리는, "절기 뒤틀린 세월"의 "수상한 꽃샘"추위의 밀어닥침으로 인한 생태계 교란과 그로 인한 우리들 "삶"의 "이상"함을 노래한 시라고 그냥 넘어갈 수도 있다. 하지만 이 시는 그리 간단하게 볼 문제가 아니다. '보이는 질서'로서 "눈"과 '보이지 않는 질서'로서 "봄비"가 긍정과 부정으로 뚜렷하게 구분되거나 대립의 양상으로 제시되어 있지 않다는 점을 간과해서는 안 된다. 외견상 "영동산간"에 내리는 "눈"은 "봄"이 "봄 같지 않"은 현상을 드러내는 것이기도 하지만, 동시에 그것은 "내 마음"속에 숨겨진 "먼 하늘 너머/고향 보리밭"에 대한 "그리움"을 수반한다는 점이 중요하다. "문득" 들려온 "봄비 소리에" "봄은 봄인가?" 묻고 있는 것은, 드러남과 숨겨짐으로 따로따로 진행되되 동시에 두 현상이 '함께' 공존하는 것에 대한 놀라움의 다른 표현이라고 할 수 있는 것이다.

　단지 주장이나 그에 따른 실천 행위가 아니라, 그의 시세계와 그것을 떠받치는 생명사상은 단연 여기에 그 뿌리를 두고 있다. 동시에 그가 서구의 관념론 내지 유물론이 지닌 모순통합적 '죽음' 또는 '죽임'의 논리에 맞서기 위해 제시한 '불연기연(不然其然)'적 세계관을 바탕으로 한 '그늘론' 내지 '흰 그늘론' 역시 이와 같은 그의 사유와 맞닿아 있다고 할 수 있다. 무심히 지나치기 쉽지만, 그는 거의 체질적으로 '그렇다'와 '그렇지 않다'로 나눠볼 수 있는 가시와 비가시, 개진과 은폐 등의 두 차원의 세계 속에서 생명의 참된 실상을 보고자 한다. '있음'에 대한 '없음', '존재함'에 대한 '존재하지 않음'을 함께 보는 사유가 그의 시론 혹은 미학론의 핵심을 이루고 있다고 해도 과언은 아니다.

　　빗소리 속엔
　　침묵이 숨어 있다

　　빗소리 속엔
　　무수한 밤 우주의 침묵이
　　푸른 별들의 가슴 저리는 침묵이

　　나의 운명이 숨어 있다

빗소리 속엔
미래의 리듬이
死産된 채로 드러나

잿빛 하늘에 흔적을 남기던
옛사랑의 이야기가
숨어 있다

침묵으로 나직이 共謀하듯
숨어 있다

빗소리는 그러나
침묵을 연다

숨어서
숨은 내게 침묵으로 연다
나의 침묵을 연다.
　　　　　　　　　—「빗소리」 전문

  우선 이 시는 "(빗)소리"와 "침묵"을 대립축으로 하고 있다. 하지만 드러난 현상으로서 "빗소리"와 "숨어 있" 는 차원의 "침묵"은 서로 대립되어 있지만 한편으로 서로 무관하지 않다. 즉, 상식적 차원의 '기연(其然)'의 눈으로 봤을 때 "(빗)소리"와 "침묵"은 공존할 수 없는 성질의 것이라 할 수 있다. 하지만 측정 불가능하고 불확실한 직관에 의지하는 '불연(不然)'의 눈으로 봤을 때 "(빗)소리"는 "우주"적 "침묵"이 되고 "푸른 별들의 가슴 저리는 침묵"이 된다. "(빗)소리"와 "침묵"이라는 통합될 수 없는 두 대립적 요소가 상생하는 새로운 경지가 열린다. "死産된 채로 드러나" 있는 "미래의 리듬"과 "잿빛 하늘"에 "흔적을 남기던" "숨어 있"는 "옛사랑의 이야기"가 사이좋게 만날 수 있다. "(빗)소리"와 "침묵"은 표면적으로 서로 반대의 위치에 있는 것 같지만, "(빗)소리"는 "그러나" "침묵"과 "나직이 共謀하"고 있다. 무엇보다도 "(빗)소리"와 맞물려 있는, "숨어 있"는 "침묵"은 그저 '나'의 "침묵"을 "침묵으로"서 머물지 못하게 한다. "나의 침묵"을 여는 것으로 작용한다. 분명 "(빗)소리"와 "침묵"은 서로 나누어져 진행되는 현상이되 결코 나누어볼 수 없는 동역(同役)의 관계를 형성하고 있는 것이다.

필시 1980년 5월의 비극을 노래하고 있다고 보아도 좋고, 그렇지 않다고 보아도 무방한 「오월 산책」은 이 같은 그의 시적 태도를 극적으로 드러내고 있다. 우선 이 시는 "먼저 간 이들"로 표상되는 '죽음'과 "내 머리칼 속"으로 "날"아드는 "새들"의 비상, 그리고 "온몸"에 "들"리는 "북소리"가 상징하는 '삶'이 "함께"하는 모습을 보여주고 있다. 동시에 "아스팔트"와 "행상들 비닐"로 대변되는 인위적이고 비자연적인 현상과 "꽃"핌과 "물고기 뜀"놈으로 대변되는 훼손되지 않은 자연스런 생명

현상을 나란히 보여주고 있다. 그리고 "먼 곳 푸른 산"을 바라보며 내는 "긴 한숨 소리"는, 이처럼 죽음과 삶과 같은 서로 화해할 수 없는 것들이 공존해 있는 현상을 "함께" 바라보는 데서 기인한다고 할 수 있다. 그런 만큼 이 시의 끝 연 "천지에 가득한/새 울음소리"는 딱히 긍정이나 부정의 감정을 나누어볼 수 없다. 기쁨인가 하면 슬픔, 슬픔인가 하면 기쁨의 상태를 나타낸다. 기쁨이되 슬픔이며 슬픔이되 기쁨의 상태가 기묘하게 어울려 있는, 그 경계를 어느 한쪽으로 치우쳐 바라볼 수 없다고 보는 것이 옳다.

이처럼 서로 모순되고 역설적인 관계에 있는 것들의 이중주, 존재하는 그 모든 것들의 이중성 내지 양면성의 드러내기로서 차이의 사유를 바탕으로 하고 있는 그의 시들은 여기에 머물지 않는다. 그의 말대로 '보이지 않는 근원적인 질서에 중심을 두면서 서로 대립되는 것들의 상보성'에 주목하고자 한다. 그러나 보이지 않는 근원적인 질서 또는 중심이라니! 일부 평자들은 그가 어떤 근원적인 질서 또는 중심이라는 것을 설정하고 있는 데 주목하여, 한때 그의 시와 생명사상이 형이상학화하고 있지 않은가 우려의 목소리를 낸 바 있다. 하지만 그러한 일각의 강도 높은 비판의 목소리는, 일차적으로 그가 말하는 근원적인 질서 또는 중심이라는 말 그 자체를 문제 삼은 데서 나왔다고 할 수 있다. 나아가, 그의 시 속의 중심 또는 근원이 각기 다른 세계와 사물 사이를 떠받치며 나아가고 울려퍼지는 체류지로서 '근원 없는 근원', '중심 없는 중심'이었음을 간과하고 있는 데서 비롯되었다고 할 수 있다.

구체적으로 이 시집과 비슷한 시기에 씌어졌으나 먼저 출간된 시집 『중심의 괴로움』(1994)에 실려 있는 동명(同名)의 시가 그 증거다. 길게 언급할 수는 없지만, 일단 이 시는 어느 "봄"날 "흔들"리는 "꽃대"를 보며 그가 "흙밑으로부터/밀고 올라"왔을 어떤 꽃의 "치열한" 몸부림을 추정하여 쓴 시라고 할 수 있다. 하지만 그가 여기서 주목하고 있는 것은 그러한 "중심의 힘" 없이는 어떤 "꽃"의 피어남이 불가능하다는 것을 말하기보다, 그렇게 "피어"난 "꽃"이 "사방으로 흩어지려" 하거나 "퍼지려" 한다는 점이다. 즉, "흙밑으로부터/밀고 올라오던 치열한/중심의 힘"과 동시에 "꽃피어/퍼지려/사방으로 흩어지려"는, 서로 모순되고 이율배반적인 힘의 동시적이고 연속적인 현현을 포착하려는 노력이 그의 '괴로움'과 '흔들림'을 불렀다고 할 수 있다. 다시 말해, 그가 말하는 '중심의 힘'은 '치밀고 올라옴'과 '사방으로 퍼짐'으로 대변되는 정반대적인 것들 사이를 연결시키는 '과(와)'와 같은 접속사, 또는 일시적인 계기의 사건이나 순간 같은 것을 나타내는 그 어떤 것이라고 할 수 있다. 단적으로 그가 말하는 "중심의 괴로움"은 그러한 '거룩하고 거대한 시원'의 '균열' 내지 '틈'을 지켜봄과 동시에, 그러한 분열 속에서 서로 끌어당기며 상호귀속하는 또 다른 '힘'

을 봄으로써 발생한 것이라 할 수 있다. 그가 "내일/시골 가/가/비우리라 피우리라"는 다짐은 아무런 안정성도 보장되지 않는 그러한 "중심"의 양면적인 "힘"을 깨닫거나 긍정하는 데서 왔다고 할 수 있는 것이다.

따라서 그가 말하는 근원 또는 중심은 이른바 자아중심 또는 확고불변한 주체를 내세우는 것과 거리가 멀다고 할 수 있다. 오히려 자기부정 내지 자아 및 중심의 소멸로 인한 관계성 회복에 더 중점이 주어져 있다고 할 수 있다. 그의 '나그네' 의식 또는 이른바 '미귀(未歸)'의 사상은 여기에서 비롯된다.

    길 너머
    저편에
    아무것도 없다

    가야 한다
    나그네는 가는 것
    길에서 죽는 것

    길 너머
    저편에
    고향 없다

    내 고향은

길
끝없는 하얀 길

길가에 한 송이
씀바귀
피었다.

—「나그네」전문

　여기서 "나그네"인 '나'는 나의 정체성을 확인해 줄 "길 너머/저편"의 세계를 추구하며 이리저리 방황하고 떠다닌다. 하지만 어느 순간 거기엔 "아무것도 없다"는 것을 문득 깨닫는다. 다만 그럼에도 "나그네"는 그 "길"을 끊임없이 "가야 한다"는 것, 그러다가 종국에는 그 "길에서 죽"어야 한다는 "나그네"의 쓰디쓴 운명만을 깨닫는다. "고향"으로 대변되는 자기동일성을 보장하고 확인해 줄 그 어떤 것도 "없다"는 것만을 절실하게 느낀다. 하지만 그 "아무것도 없"음 또는 "고향 없"음은 그 자체로 끝나지 않는다. "길"은 "길"이되 "끝없는 하얀 길", "길가에 한 송이/씀바귀"를 "피"우는 '무 아닌 무'로 생기한다. 자주 그가 강조하는 '활동하는 무', 노자(老子) 식으로 말하면 '천지만물을 기르는 무'로 작용한다. 결국 "길 너머"에는 "아무것도 없다"는 그의 '나그네' 의식은, 그동안 자신이 지닌 인식과 가치와 존재가 모두 탈각됨과 동시에 그로 인한 새로운 인식과 가치와 존재가 재탄

생하는 것을 의미한다.

다른 한편으로 그의 '아무것도 없음' 혹은 '고향 없음'의 추구는 그의 시들에서 곧잘 선보여온 바 있는 '땅끝' '끝없는 끝'으로 대변되는, 일견 극한의 실존적 지평의 추구 또는 도저한 허무의식으로 나타난다고 할 수 있다. 하지만 그러한 극한성 내지 절대무는 일차적으로 자기존재에 대한 부정 또는 망각으로 나타나기도 하지만, 동시에 만물이 자기 아님이 없다는 관계적 사유로 자연스레 연결된다.

    사랑 잃어버렸다
    눈 침침하다

    운다

    길 양쪽 휘어져
    가로수들 서로 맞절하는 오후
    쓰린 가슴에
    섬김을 배운다

    저만큼 거리 두고
    공경하는 법
    공경으로 사는 법

                     —「쉰네 살」, 4~7연

'나'는 육체적으로 "눈"이 "침침"해지고, 자신의 삶에서 가장 소중하다고 할 수 있는 "사랑"을 "잃어버"리고서야 타자의 "섬김"을 배운다. 그야말로 정신적으로든 신체적으로든 자기상실 내지 자아해체를 통해 타자를 "공경하는 법"과 함께 그 "공경"을 실천해 가는 "법"을 배운다. '나'라는 주체의 깊은 근저에 만난 개아(個我)의 '실체 없음' 또는 '절대무'에 대한 자각이 타자에 대한 "섬김"과 "공경"으로 자연스레 분출하는 것을 느낀다. "간혹" "내가 누군지 모를 적이 있"는, "혹간은 내가 아예/없는 듯"(「간혹」)한 현실적 자아의 무화 내지 망아(忘我)의 경험을 체득함으로써 이른바 동체대비(同體大悲)의 생명윤리, 즉 "가랑잎 한 잎", "개미 한 마리"와 같은 '나' 아닌 타자들 모두를 "님"(「님」)으로 섬기는 '경물윤리(敬物倫理)'가 가능해질 수 있었던 것이다.

하지만 이러한 자아의 착각이나 집착의 탈각은 오랜 수행과 실천을 요구한다. 그리고 그것은 일차적으로 "왠지 애잔한 것/쓰라린/회한 같은"(「소리」), "온갖 無望의 것들"(「天刑」)이나 "감추어진 온갖 아픔들"(「초겨울」)과 같은 감정 표출로 나타났다고 할 수 있다. 그의 시 속에 곧잘 확인되는 '쓸쓸함' 또는 '외로움'의 감정은 그 과정의 지난함과 아픔을 대변하고 있는 것이다. 그러나 그 지독한 '외로움' 또는 '쓸쓸함'은, '나'라는 주체의 허구성 내지 비실재성을 깨닫는 계기가 된다.

  병으로
  오래 외롭다 보니

  사람이 사람에게
  한울님인 걸 알겠다

  외롭다 보니
  외롭다 보니
  병이 스승인 걸
  이제야 알겠구나.
         —「한울」, 1~2연, 7연

  철쇄는 부쉈으나
  갈 곳 없이 망연한
  쓸쓸한 자유 속에서 때론
  너의 압제를 그리워한다
  아, 자유는 고달픈 방황,
  그러나 자유는 내 삶의 조건이니
        —「쓸쓸한 자유」, 5~10행

 이제 '나'에게 있어 "병"과 그로 인한 '오랜 외로움'은 종교가의 자기절제나 이타행(利他行)과 크게 다르지 않다. "병으로/오래 외"로워하는 과정에서 자아의 소멸 내지 자신의 실재에 대한 확신에서 벗어날 수 있었기 때문이다. 무엇보다도 그러한 과정을 거쳐 역설적으로 "사람이 사람에게/한울님"이라는 것을, 바로 그 '오랜 외로움'을 부른 "병"이 자신의 "스승"이라는 사실을 깨닫게 해주었기 때문이다. 하지만 그것으로 모든 문제가 해결된 것은 아니다. 필연적으로 '나'를 "압제"하는 "철쇄는 부쉈으나/갈 곳 없이 망연한/쓸쓸한 자유"의 문제에 부딪힌다. 즉, 나와 타인의 구분을 의미하는 "철쇄"가 사라졌기에 살아 있는 모든 것들을 한 형제로 영접할 수 있지만, 또한 그러기에 "갈 곳 없이 망연"해하거나 "때론" "나"의 실체 없음을 붙들어줄 "압제를 그리워"하기도 하는 것이다. 하지만 "고달픈 방황"을 의미하는 "자유"는 여전히 "내 삶의 조건"이다. 그러한 '나'의 불안전함과 불안감 자체가 세계 속에서 고통받고 살아가는 개개인의 마음과 다르지 않기 때문이다. 다시 말해, '나'의 '외로움'과 '쓸쓸함'은 절대무(nothingness)의 다른 표현으로서, 그걸 체득한 '나'를 움직이는 것은 여전히 고통 속에서 벗어나지 못하는 중생들이기 때문이다. 요컨대 이러한 절대무에 대한 자각이 실상 모든 생명과 사물이 하나라는 인식으로 발전한 것이라고 할 수 있다.

다시 강조하지만, 그의 시들은 통상적으로 말하는 감정이입(empathy)이나 공감(sympathy), 혹은 양자의 융합(identification)과는 무관하다는 점이다. 그리고 특히 그 점이 1990년대 이후 발흥한 소위 여타 시인의 생태시 또는 생명시들과 그의 시세계를 구분 짓게 한다는 점이다. 즉, 그의 시들 속에는 그만의 특수성과 개별적 차이를 추상화하지 않는 상생의 사유가 늘 전제되어 있다면, 대체로 환경오염과 생태계 파괴에 주목하고 있는 시인들의 일련의 시들은 '자연'과 '삶'의 일치 또는 동일성을 너무 쉽게 노출하고 있다. 단적으로 '빛'과 '그늘'을 함께 보는 김지하의 시와는 달리, 그들의 시에는 흔히 말하는 '그늘'이 제거되어 있거나 '빛'과 '그늘'을 이항대립체계 혹은 모순통합적 사유가 전도된 계몽주의의 형태로 성급하게 드러나 있다고 할 수 있다. 이와 달리 그의 시적 사유는 "신비는/신비대로//과학은/과학대로" 존재하는, 이를테면 "너는 너고/나는 나로되" "그저/이리저리//서로 얽힘"(「얽힘」)의 관계에 늘 주목하면서 시작된다. 즉, "신비"와 "과학"이 개별적이고 독립적으로 존재하는 것이 아니라 서로간의 차이성에 의한 상호의존과 상호접목의 연쇄 속에서 이루어지고 있는 것이다.

  그런 점에서 그의 시적 사유는 일견 '일점 근원' 또는 '초월적 기의'를 부정하는 데리다와 유사하다고 할 수 있을 것이다. 세상에 존재하는 모든 것들을 흔적 또는 차연(差延)으로 보는 데리다와 '서로 대립되는 것들의 상보성'에 주목하는 김지하와의 거리는 그리 멀지 않다는 생각이다. 하지만 데리다와 김지하의 결정적인 차이는 다른 데에 있지 않다. 데리다가 자신이 비판한 서구 형이상학의 잔재라고 할 수 있는 '차연'의 그물 또는 '경계'의 사유를 여전히 벗어나지 못하고 있다면, 김지하는 그런 것들마저 해체하여 삶의 대긍정 또는 '기우뚱한 균형'에 이르고자 한다는 점에 있다고 할 수 있다. 그리고 바로 이 점이 그로 하여금 "아마"도 "데리다는 영영/못 읽을 것이다"(「쉰둘」)라는 무의식적 진술로 이어지게 했다고 할 수 있다. 무엇보다도 데리다가 모든 것을 텍스트로 해석하는, 이른바 텍스트주의자의 범주를 벗어나지 못하고 있다면, 김지하가 중요시하는 것은 "삶이/곧/詩"(「詩」)인 세계라고 할 수 있다. 즉, 무수한 시행착오와 수련을 통해 얻어지는 그 어떤 것을 옹호하고 있다는 점이 데리다와 그를 구분 짓게 한다.

'옛 가야 땅을 지나며 詩를 생각한다'는 부제가 붙은 시 「詩」를 살펴보기로 하자.

　　짓지도
　　쓰지도 말라

　　이제
　　속에서 떨리고
　　밖에서 흐르라

　　넋이
　　넋이 아니거든

　　쓰지 말라

때론
창녀와의
풋사랑이

흰 그늘
빛나는 한 편의
詩,

　　　　　—「詩」, 1~2연, 4~5연, 11~12연

　이제 그에게 있어 시는 "짓"거나 "쓰"는 것이 아니다. 즉, 어떤 개념이나 지식의 산물이 아니다. 그러한 인식이나 언어로 표현하기 어려운 내 "속"의 '떨림' 또는 내 "밖"의 '흐름'에 충실하게 따르는 것이 시다. 이른바 텍스트가 대신해 줄 수 없는 삶, 즉 어떤 이성이나 앎으로 파악하기 힘든 "넋"의 세계를 노래하는 것이 그의 시적 본령이라는 선언이다. "창녀와의/풋사랑"으로 대변되는 텍스트를 넘어선, 말로 나타내기 힘든 삶과 행위의 복합성과 다면성이 그가 주장하는 "흰 그늘"을 형성하고, 바로 그것이 "빛나는 한 편의/詩"가 된다. 예컨대 데리다식 텍스트가 오랜 숙련과 각고의 수련을 요구하는 '삶'을 대신할 수 없고, 괴로운 선택과 조심스런 결단으로 이어진 삶을 무화시킬 수는 없는 것이다.
　그러한 김지하는 일찍부터 모든 있음을 있음으로 온전하게 만드는 근거적 존재로서 무에 주목해 왔다. 그의 초기시 「騎馬像」에 나오는 "不在, 꽉 찬/不在"가 그 중 거다. 그는 거기서 모든 "살아 있는 힘의 동결"에 맞서는 "不在"를 보고 있었다. 그리고 후일 그것은 "아무리 부르려 해도" "그리려 해도" "그게 안 돼"(「결핍」)는 '결핍'에 대한 사유로 발전해 갔으며, 드디어 '그늘' 또는 '흰 그늘'에 대한 사유로 이어져 왔다고 할 수 있다. 무엇보다도 그러한 시적·사상적 행보는 일종의 '귀무(歸無)' 과정, 어떤 언어로도 쉽게 규정하거나 치환해 볼 수 없는 무궁한 삶의 근본자리에 대한 탐색과 성찰로 이어졌다고 할 수 있다.

오늘
돌아갈 길 없음

흰 바다
눈부신 빛뿐

흰 구름 모서리
한 소식 숨어 있다는 들뜬 기별도

모두 다
오늘
돌아갈 길 없음
—「伽倻의 흰빛」, 1~2연, 5~6연

아무도
곁에 없다

올 것 같지도 않다

왔다 간
흔적조차 없는
빈자리

희다

내
마지막 삶의
밑둥이여!
　　　　　　　—「夷史」, 2~4연, 6연, 8연

그가 철저하게 무로 돌아감으로써 깨달은 것은 더 이상 "돌아갈 길 없음"이다. 오직 "흰 바다/눈부신 빛뿐"인 세계와의 만남뿐이다. 그 "흰 구름 모서리"에 "한 소식 숨어 있다는 들뜬" 그 어떤 유의미한 "기별"도 만날 수 없는 완전한 무로의 '귀무(歸無)'이다. 그래서 당연히 그 "곁에"는 "아무도" "없"는, 다른 어떤 것이 "올 것 같지도 않"는 자리. 누가, 무엇이 "왔다 간/흔적조차 없는/빈자리"만 확인될 뿐이다. 하지만 그 "돌아갈 길 없"는

"흰" "눈부신 빛뿐"인 무의 자리가 역설적으로 "내/마지막 삶의 밑둥"이 된다. '있음'의 세계를 감싸고 있지만 그것으로써 규정되지 않는, 알지 못할 거대한 '없음'의 덩어리가 '나'의 시적 탯자리가 된다. '나'의 출발점을 살펴보는 귀성(歸省), 새롭고 무궁한 생명을 잉태하는 근원처로 되돌아감을 의미하는 귀향(歸鄕)을 아우르는 귀무(歸無)의 세계와 마주치고 있는 것이다.

그렇듯 어두워 잘 보이지 않고, 아무런 쓸모도 없으며, 흐릿하며 감추어져 있는 듯이 보이지만, 모든 것들을 낳은 어머니이자 회귀처로서 '허공'. 모든 존재하는 것들에게 반드시 필요한 근거 아닌 근거, 중심 아닌 중심으로서 '허공'이 피워낸 것이 드디어 '꽃', '꽃핌'이다.

> 내 몸 안에 캄캄한 허공
> 새파란 별 뜨듯
> 붉은 꽃봉오리 살풋 열리듯
>
> 아아
> '花開!'
>
> ―「花開」, 2~3연

그저, "아아"라는 감탄사로밖에 표현할 수 없는 세계의 열림 또는 '꽃핌'은 바로 "내 몸 안"의 "캄캄한 허공"의 작용을 인정하면서부터이다. 유한이 아니라 무한, 말이나 논리가 아니라 침묵이나 직관의 세계가 열린다. 오로지 "캄캄"하기만 한 듯한 "허공"이 "새파란 별"을 "뜨"게 하고, "붉은 꽃봉오리"를 "살풋" "열리"게 한다. 이제 그가 말하는 '흰 그늘'이나 '텅빈 무(無)', 그리고 "캄캄한 허공"의 진정한 의미는 이것이다. 그것들은 단지 '없음'이 아니라 모든 관계들을 위해서 반드시 존재해야 할 어떤 것이라고 할 수 있다. 그야말로 그것들은 삶에 대한 하나의 태도와 자세, 그리고 타자에 대한 배려와 숙고를 '꽃'피우는 그 어떤 것이다.

이처럼 김지하는 단지 외형적인 투쟁이나 대 사회적 활동으로 서양적인 것과 그것을 맹목적으로 추종한 근대화 세력과 싸워온 것이 아니다. 필사적으로 이러한 규정되지 않고 또한 규정할 수 없기에 모든 한계를 넘어서는 '미미한 것', '무명(無名) 또는 무명(無明)적인 것'들을 통해 그들과 대결해 왔다고 할 수 있다. 그러면서 "화안하"면서 동시에 "시커멓고//지극히 사랑하"면서도 "또 미워 몸부림치"는, "혹독한 파괴 곁에" "움트는" "새싹" 같은 "생명"(「편지」)이 내는 '침묵의 소리' 혹은 '적막의 울림'에 "귀 기울이"는 "지옥의 삶"(「그때」). 그 이름할 수 없는, 마음대로 처분할 수 없는 "사방으로 흩어"(「첫 문화」)지는 생기의 밑바탕에 놓인 무의 무궁한 작용에 대한 선구자적인 각성과 드높은 자각을 바탕으로 지난 시대의 획일적이고 기능적이며 대상적인 사유가 중심이 된 기술·과학적인 세계관과 당당히 맞서 왔다. 그러기에 "나 이제 갈 곳이 없다"는 실존적 절박감에 내몰리면서도, 결국은 "숱한 별들 해와 달/풀벌레 풀/꽃잎들"(「소리」)이 '융이이불일(融二而不一)'하는 세계에 주목할 수 있는 원동력으로 작용했다고 할 수 있다. 계산 불가능하고 보편타당성이 주어지지 않는 모든 경험적 양상을 비본질적인 것으로 압박하는 세력에 맞서, 없음은 없음이기에 없음으로 없는 것이 아니라 없음으로 있는 세계. 김지하는 한마디로 거기에 일찍부터 주목하여 자기를 무로 돌림으로써 온 우주를 담는 거울이 되었고, 그 결과 만물을 살리는 자신만의 독특한 생명사상을 내세울 수 있었던 것이다.

그러나 서로 대립적이면서도 상호보완적인 역설을 바탕으로 하는 '생명'의 질서 내지 '(흰) 그늘'의 작용. '밝음/어둠', '나타남/숨음', '생명/죽음' 등으로 표현되는 존재의 양면성 내지 이중성을 전제로 한 일가적(一價的) 사유가 아닌 다가적(多價的) 사유를 바탕으로 하는 그의 시와 생명사상은 충분히 이해받지 못하고 있다. 여전히 사유할 수 없음을 사유하려는, 아니 사유할 수 없는 것들을 사유하려 했던 그의 '말 걸어옴' 혹은 눈짓이 지닌 중요성을 알아채지 못한 탓이라고 할 수 있다. 또한 그것은 우리가 오랜 "고통"과 "기다림이/꽃으로 바뀌는 소리"와 "생명의" "무서운" "변환"(「변환」)을 애써 외면하거나, "팔방시방"으로 "널리 널리" "꽃" "피어" "흩어지"(「龍潭水雲」)려는 '아물 수 없는 중심'을 보지 못한 데서 기인한다고 할 수 있다. 우리 눈앞의 한 송이 '꽃'조차 무한한 관계의 사방으로부터 작용한 결과라는 것을, 드러남과 숨음의 이중주 내지 이중적 펼침이라는 것을 언제부턴가 까마득히 망각해 온 탓이라고 할 것이다.

실천문학의 시집 141
花開

2002년 6월 20일 초판 1쇄 찍음
2002년 6월 25일 초판 1쇄 펴냄

지은이/김지하
펴낸이/김영현
펴낸곳/(주)실천문학
등록 10-1221호(1995. 10. 26.)

(121-839) 서울특별시 마포구 서교동 384-15
전화 322-2161~3(영업), 322-2164~5(편집)
팩스 322-2166, 홈페이지 www.silcheon.com

ⓒ 김지하, 2002

ISBN 89-392-2141-9 03810